Contraste insuffisant
NF Z 43-120-14

Illisibilité partielle

Original en couleur

NF Z 43-120-8

Couverture inférieure manquante

BULLETIN

D'HISTOIRE ECCLÉSIASTIQUE

ET

D'ARCHÉOLOGIE RELIGIEUSE

DES DIOCÈSES DE VALENCE

GAP, GRENOBLE & VIVIERS

SEPTIÈME ANNÉE — 4ᵉ (45ᵉ) LIVRAISON

Mars-Avril 1887.

SOMMAIRE

de la livraison de mars-avril 1887.

IMPRIMERIE J. CÉAS ET FILS À VALENCE

MYSTÈRE
REPRÉSENTÉ A ROMANS
A LA CLOTURE DE LA MISSION
de 1698-9.

Ignorée jusqu'ici, cette pieuse relation nous fut signalée dans les archives des Clarisses de notre ville par une religieuse de la Visitation Sainte-Marie, leur voisine et notre tante. Le document nous a été communiqué avec la plus parfaite obligeance ; nul doute que nos lecteurs n'en poursuivent la lecture avec autant d'intérêt que d'édification. Il n'y avait pas lieu de reproduire l'orthographe du manuscrit, qui à proprement parler n'en suit aucune ; nous l'avons ramenée aux règles actuelles, sans rien changer d'ailleurs aux expressions. Quelques observations complémentaires trouveront mieux leur place à la fin.

Vive Dieu !

Ordre qu'a gardé la procession qu'ont fait faire huit Pères Dominicains, choisis pour faire la première mission qu'avait fondée Demoiselle Christine de Garagnol, femme à feu Monsieur Laute, et qui doit se continuer de sept en sept ans et durant sept semaines. Pour laquelle dite mission son héritier, qui est Monsieur Joseph Paquet, bourgeois de Romans, doit donner cent quarante écus, faisant 420 livres. Elle a commencé le dimanche 16 novembre 1698.

Noms des Révérends Pères qui ont fait la mission de Romans :

Le R. P. Vicaire Général ;
Le R. P. André ;
Le R. P. Modeste ;
Le R. P. Archange ;
Le R. P. Bernard ;
Le R. P. Anselme ;
Le R. P. Joseph ;
Et le frère Basile.

———

Le temps de la mission, que sept Dominicains de la réforme du R. P. Antoine (1) ont faite en cette ville avec beaucoup de zèle et de fruits, devant expirer le dimanche 4e janvier 1699, tous les ordres religieux que nous avons en cette ville furent avertis, le 3e, de se rendre, le lendemain après midi, dans l'église collégiale de St-Barnard pour assister à la procession générale du Saint-Sacrement, qui fut faite avec les cérémonies ordinaires en semblables occasions. Les rues furent tapissées dans tous les endroits où elle passa, autant proprement que le permettaient la situation des lieux et la commodité des habitants. Les neuf compagnies de quartiers, commandées par leurs officiers, se mirent sous les armes et, s'étant rangées en haie sur la place, elles firent différentes décharges lorsque la procession passa. Tout le reste du peuple marchait deux à deux, en bon ordre, sous les bannières de leur confrérie, un chacun un cierge à la main. Un des Pères missionnaires fit amende honorable à Jésus-Christ devant le Très-Saint-Sacrement ; et, après avoir exhorté le peuple, dans un discours qu'il fit après la procession, d'assister avec

(1) Il s'agit du dominicain Antoine Le Quieu, né à Paris en 1601, mort à Cadenet (Vaucluse) le 7 oct. 1676, qui introduisit une sévère discipline dans plusieurs couvents de Provence et fonda la congrégation du Saint-Sacrement. Il termina ses jours en odeur de sainteté et le pape Innocent XII fit commencer une enquête sur ses vertus en 1693. Dès l'année qui suivit sa mort sa biographie fut écrite (en français) par François d'Escudier, prieur de Chabestan (Lyon, 1677, in-12) ; une autre, par Archange Gabriel de l'Annonciation, vicaire général de l'ordre du Saint-Sacrement, parut en 1682 (Avignon, 2 vol. in-8º) ; une troisième (en latin) a pour auteur Brunon Faraudy, du même ordre (Avenione, 1756, in-4º). Son éloge se trouve dans Echard, Script. ord. Prædic. (1721, t. II, p. 663-4) ; à la fin de l'Hist. de l'égl. cathéd. de Vaison, par Boyer de Sainte-Marthe (1731) ; et dans Touron, Hommes illustres de l'ordre de St-Domin. (1743, t. V, p. 513-38).

modestie et piété à celle qu'on devait faire pour le plantement de la croix, on finit la mission par la bénédiction du Très-Saint-Sacrement.

Le jour des Rois étant arrivé, ceux qu'on avait choisis pour être les acteurs du pieux spectacle, qui devait précéder le plantement de la croix, se rendirent dans l'église de Saint-Barnard, vêtus conformément au personnage qu'ils devaient représenter, et ils sortirent de ce lieu dans l'ordre ci-après :

La bannière de la confrérie du Saint-Rosaire faisait l'ouverture de la procession, suivie d'environ six vingts filles, vêtues de blanc, tenant à la main un chapelet, marchant deux à deux avec beaucoup de modestie.

Immédiatement après, il en venait une autre, aussi de jeunes filles, vêtues diversement en religieuses, et elles marchaient toutes sous un crucifix ; à voir leur air mortifié, leur démarche grave, vous auriez dit que c'étaient des novices de Sainte-Claire, ou plutôt de véritables professes de la religion la plus austère.

Comme on avait dessein de représenter les principaux Saints de l'Ancien Testament depuis Abel jusqu'à JÉSUS-CHRIST, le premier juste parut à la tête du premier chœur.

ABEL, représenté par le fils de M. Dochier, vêtu de blanc, en berger chantant.

Un ANGE, portant un guidon avec cette devise : *Nova et Vetera.*

Douze petits enfants, vêtus de blanc comme Abel.

ABRAHAM, armé d'un coutelas, représenté par le sieur Chandelier.

ISAAC, portant un fagot de bois avec du feu, récitant ces vers, représenté par le fils de M. Belland.

ISAAC.

Nous touchons à l'autel, nous savons le décret ;
Voilà le feu brulant ; voici le bois tout prêt.
Mon père, dites-moi qui sera la victime ?

ABRAHAM.

N'en soyez point en peine, objet de mon estime.
Avançons, Isaac, faisons notre devoir ;
Le Seigneur, notre Maître, aura soin d'y pourvoir.

ABRAHAM, après quelques pas :

Arrêtez-vous, mon fils unique et légitime,
Le Ciel vous a choisi pour être la victime ;
Souffrez donc, Isaac, que ce bras chancelant
Se lève contre vous pour verser votre sang.

ISAAC met son fagot à terre et son feu, et Abraham le lie ; cependant il dit :

Mon père, j'y consens, qu'on attache et qu'on lie
Et ces pieds et ces mains pour me ravir la vie.

L'ANGE, représenté par le fils de M. Garnier.

Arrêtez, Abraham, suspendez votre bras :
Le Ciel, qui demandait un si rude trépas,
Se trouve satisfait de votre obéissance
Et veut d'un si cher fils épargner l'innocence.

Dans ce rang douze PATRIARCHES devaient suivre sous un autre guidon porté par un Ange, avec cette inscription : *Patriarcharum laudabilis numerus.* Ceux qui devaient les représenter, étaient tous jeunes mariés de bonne maison ; ils furent détournés par quelques personnes qui n'auguraient pas favorablement de cette procession, de sorte que dans cet endroit l'ordre du dessein qu'on avait formé fut interrompu. Ils devaient chanter le psaume CXIII : *In exitu Israël.*

Dans ce sixième étaient douze SIBYLLES, sous un guidon porté par un Ange, avec ces paroles : *Sibyllarum prophetissarum caterva triumphans.* Elles prédisaient dans les vers qu'elles déclamèrent la naissance éternelle de JÉSUS-CHRIST. Elles étaient vêtues et coiffées la chacune de la manière que les peintres les dépeignent (1).

(1) *Les Sibylles ont donné lieu à toute une littérature qu'on trouvera énumérée dans le t. II de notre* Répert. *des sources histor. du moyen-âge. Il suffira ici de renvoyer les curieux aux chap. 30-33 du 1er liv. de la* Bibliotheca græca *de J.-A. FABRICIUS (édit. Harles, Hambourg, 1790, t. I, p. 238-90) ; à l'art. de l'Encyclopédie catholique (1848, t. XVII, p. 393-4) ; et spécialement pour l'iconographie au Grand diction. univ. du XIXe siècle (1875, t. XIV, p. 673-5).*

1. La Sibylle PERSIQUE, habillée d'une robe de drap d'or, coiffée à
la persique, représentée par Mlle

> L'aîné du Tout-Puissant et de la Vierge Mère
> Dans sa ville entrera sur un petit ânon,
> D'un doux prince portant et l'effet et le nom,
> Afin de ramener le prodigue à son père.

2. (La) Sibylle LYBIENNE, avec un habit couleur de rose, parsemé
de fleurs or et argent, portant une couronne sur sa tête, représentée
par Mlle

> Celui qui seul vivait devant tous temps en soi,
> Contemplant à plaisir son essence féconde,
> Repose dans le sein de la Reine du monde,
> Adore, Ange, ton Dieu ; honore, homme, ton roi.

3. La DELPHIQUE, habillée avec un habit bleu à fleurs d'or, coiffée
avec quantité de perles et diamants, représentée par Mlle

> Dieu raidira son bras, il étendra sa main,
> Voulant faire un effort aux lois de la nature,
> Une Vierge enfantant sans rompre sa clôture,
> Comme elle avait conçu sans sentiment humain.

4. La CIMMÉRIENNE, habillée avec

> Le prince souverain du bienheureux empire,
> Reposant au giron de la Vierge sans pair,
> Un astre rayonnant fait paraître dans l'air,
> Qui du soleil levant les rois Mages attire.

5. La SAMIENNE (1).

> L'on verra dans le ciel un astre étincelant ;
> Ce sera le flambeau qui fera voir aux hommes
> Celui qui étant Dieu s'est fait ce que nous sommes,
> Et fera qu'on adore et la mère et l'enfant.

6. La CUMÉE.

> Dieu, pour se revêtir de l'habit des humains,
> Logera dans le sein d'une vierge pucelle ;
> C'est des belles la chaste et des chastes la belle,
> Car c'est le raccourci de l'œuvre de ses mains.

(1) *Le ms. porte* Simienne.

7. L'Hellespontique.

Ce que j'ai vu n'a rien qui lui soit comparable :
Une Vierge plus pure après l'enfantement
Et celui, qui de Dieu naît éternellement,
Naissant petit enfant dans une pauvre étable.

8. La Phrygienne.

Au milieu des saisons et au cœur des années,
Dieu voulut que son Fils au monde descendit,
Et que naissant ainsi que l'ange avait prédit,
Il lavât des mortels les tâches surannées.

9. L'Européenne.

Le Saint Verbe de Dieu, de l'Eternel l'image,
S'en viendra, bondissant sur les sacrés copeaux,
Comme on voit au printemps égayer les chevreaux,
Pour remettre la main à son premier ouvrage.

10. La Tiburtine.

Dieu, qui ne peut mentir, me met ces vers en bouche
Et me fait annoncer d'une vierge la couche ;
Laquelle en Nazareth Dieu même concevant,
Non loin de Bethléem vierge et mère s'accouche.
Heureuse, mille fois, la pucelle qui touche,
Qui baise et qui nourrit un si divin enfant !

11. L'Agrippine.

Apprenez, fils d'Adam, des siècles la merveille :
Vous verrez en vos jours sous un habit mortel,
Le bien-aimé de Dieu, le prince éternel,
D'une vierge naissant qui n'a point sa pareille.

12. La Babylonienne (1).

D'un divin mouvement j'ai mon âme saisie,
Voyant l'air s'adoucir et, du plus haut des cieux,
Du Père souverain le Verbe glorieux
Descendre dans le sein de la Vierge choisie.

Dans ce septième devaient paraître les douze petits Prophètes et
les quatre grands, suivis du roi David jouant de la harpe et chan-

(1) *Cette sibylle* Babylonienne *est ordinairement remplacée par* l'Erythréenne.

tant le *Miserere* ; mais ceux qui devaient composer ce chœur manquèrent aussi pour les raisons que j'ai déjà alléguées.

On vit donc, immédiatement après les Sibylles, Saint JEAN-BAPTISTE, tenant d'une main un petit agneau et de l'autre une croix, avec une banderole où étaient ces trois mots : *Ecce agnus Dei.* Celui qui le représentait était le fils du sieur Carlin ; il était vêtu d'une hermine et il récita les vers suivants :

St JEAN-BAPTISTE.

Voici l'Agneau de Dieu qui les péchés efface ;
Il est homme, il est Dieu, quoiqu'il soit un enfant ;
Il demande de vous un esprit pénitent
Pour vous faire sentir les effets de sa grâce.
Préparez donc la voie à ce divin Sauveur,
Faites dans votre vie éclater l'innocence,
Abaissez vos esprits, brisez vous de douleur
Et faites tous des fruits dignes de pénitence.

Après que les Saints qui ont annoncé JÉSUS-CHRIST ou qui ont été ses figures dans l'Ancien Testament eurent passé, on vit dans le neuvième chœur les mystères qui ont été accomplis dans la loi de grâce, l'Ange GABRIEL annonçant le mystère de l'Incarnation à la VIERGE, en lui adressant les paroles de la salutation en vers. Cette vierge était superbement vêtue et une jeune fille parfaitement bien faite. Elle était accompagnée de quatre autres vêtues de sa couleur et de quinze en habit blanc.

L'Ange GABRIEL, représenté par le fils de M. Jamaron :

A vous, Marie, je suis député
Par ordre exprès du grand Dieu, notre père,
Pour vous apprendre qu'il a décrété
Que de son fils vous deviendrez la mère.

La VIERGE, représentée par Mlle Paquier, la fille, répond :

Vous m'étonnez, céleste ambassadeur,
En me disant que je serai féconde ;
Car j'ai promis à Dieu le Créateur
Ma pureté en venant dans le monde.

L'Ange.

Ne craignez rien pour votre pureté,
Assurément vous l'aurez tout entière ;
Car le Seigneur, auteur de sainteté,
Vous laissant vierge, il vous doit rendre mère.

La Vierge.

J'y consens donc, céleste messager,
Qu'il me soit fait selon votre parole,
Ma pureté n'étant point en danger,
Aux lois du Ciel volontiers je m'immole.

———

On devait dans ce lieu représenter le mystère de la Visitation, et on aurait vu la Vierge avec saint Joseph, sainte Elisabeth et saint Zacharie ; mais on vit d'abord paraître une jeune Demoiselle, fort bien faite et richement parée, représentant la Vierge de la Nativité, laquelle était précédée d'un Ange portant un guidon, dont j'ai oublié la devise ; c'était la fille de M. Hours, laquelle portait un petit enfant de cire dans une petite crèche parsemée de fleurs naturelles. Saint Joseph, représenté par le sieur Ardin, était auprès d'elle, tenant un lys fait au naturel, symbole de sa pureté et de celle de son épouse. Jamais on (n'a) mieux imité le portrait de ce saint patriarche, si l'on doit en croire aux tableaux que nous en font les peintres. On voyait à leur suite une troupe de Bergers et Bergères ; les uns jouaient de la flûte et les autres chantaient des cantiques à Jésus naissant ; et ce chœur était fermé par quinze filles habillées de brocard ou taffetas couleur de rose.

———

Un ange portant une banderole ouvrait le chœur suivant. On y voyait la Vierge présentant son fils au temple et une jeune fille portant dans une cage deux tourterelles, le bon vieillard Siméon, vêtu pontificalement, avec deux jeunes lévites en soutane rouge avec le surplis ; et Anne la Prophétesse et une troupe de jeunes filles, toutes habillées de brocard ou taffetas bleu.

La Vierge et saint Siméon récitèrent les vers suivants.

La sainte Vierge, présentant son fils à saint Siméon, représentée par la fille de M. Chonet :

Voici, grand Siméon, le fruit de mes entrailles ;
Tout soumis qu'il parait à cette rude loi,
Il est pourtant du Ciel et le maître et le roi,
L'unique du Très-Haut et le Dieu des batailles.

Saint Siméon, levant les yeux au ciel, représenté par le sieur Chambéry :

Je mourrai donc, mon Dieu, dans une paix profonde,
Puisqu'à ce jour j'ai vu mon aimable Sauveur,
Qui, pénétrant le sein d'une Vierge féconde,
Vient porter au mortel un éternel bonheur.

Regardant la Vierge :

Sainte fille, il est vrai qu'il vient sauver le monde,
Mais il sera pour vous un sujet de douleur.

———————

C'était ici où l'on devait représenter la fuite de Jésus, de la sainte Vierge et de saint Joseph en Egypte, comme aussi Jésus parmi les docteurs. Mais l'on fut obligé d'omettre encore la représentation de ces deux circonstances de la vie du Sauveur. Voici les vers que Jésus parmi les docteurs devait réciter.

La Vierge Marie à son fils :

Vous voici, mon cher fils, après trois jours d'alarmes
Nous vous avons trouvé ! nos cœurs pâment de joie.
Que nous avions-vous fait, votre bon père et moi ?
Votre perte à tous deux a bien coûté de larmes.

Jésus à Marie :

Pourquoi me cherchiez-vous ? Une importante affaire
Me demandait ici parmi tant de docteurs.
Quoi ! ne saviez-vous pas que l'intérêt d'un père
Me doit être plus cher que vos cris et vos pleurs ?

———————

L'on vit paraître, immédiatement après la Présentation, un Ange portant un guidon où l'on lisait : *Gloriosus Apostolorum chorus*. Il était suivi de douze Apôtres, vêtus comme on a coutume de nous les représenter. C'était douze jeunes garçons de l'âge de 20 à 25 ans, de riche taille et de bonne mine, des plus honnêtes familles de la ville ; la modestie et la dévotion qu'ils firent paraître dans cette occasion, édifia autant tout le peuple qu'ils auraient pu le scandaliser, s'il avait réussi comme bien des personnes s'attendaient et qui même le souhaitaient : quoique ce fut des personnes d'un caractère bouffi de la gloire de Dieu et de la qualité de conseigneur avec le Roi ; mais enfin le tout réussit à la gloire de JÉSUS-CHRIST, et non point en mascarade comme ils le publiaient.

Ils chantèrent avec une dévotion sans exemple à des personnes de leur âge le Symbole suivant :

Je crois en Dieu Tout-Puissant,
Roi du Ciel et de la terre,
Et en JÉSUS Christ vivant,
Le fils unique du Père.

Conçu par le Saint-Esprit
Et né d'une Vierge mère,
Qui sous Pilate souffrit
L'arrêt d'une mort amère.

Il mourut sur un poteau ;
Son âme aux limbes visite ;
Son corps fut mis au tombeau ;
Le tiers jour il ressuscite.

Au plus haut des cieux montant,
A la dextre de son père ;
De là les morts et vivants
Viendra juger sur la terre.

Je crois au divin Esprit,
A l'Eglise catholique,
Epouse de JÉSUS Christ,
Sainte et apostolique.

Je crois la Communion,
Le pardon de nos offenses
Et la résurrection,
L'éternelle récompense.

Noms des douze Apôtres :

M. Joseph-Marie	St PIERRE, portant les clés ;
M. Laurent Falque . . .	St PAUL, portant une épée ;
M. François Escoffier. .	St ANDRÉ, portant une croix ;
M. Jacques Manon . . .	St JACQUES, pélerin ;
M. Pierre Argoud. . . .	St JEAN, portant un calice ;
M. Joachim Jomaron . .	St THOMAS, portant une lance ;
M. Jacques Bochage . .	St JACQUES, portant une massue ;
M. Jean Süel.	St PHILIPPE, portant une croix ;
M. Barthélemy Michel .	St BARTHÉLEMY, portant un couteau ;
M. Charles Quintin. . .	St THADDÉE, portant une équerre ;
M. Antoine Lambert . .	St MATTHIAS, portant un hachereau (1);
M. François Portier. . .	St SIMON, portant une scie.

Tout ce qu'on avait vu jusqu'alors de cette pieuse pompe, quoique tout édifiant, n'avait pourtant rien que de réjouissant et tout le monde attachait avec plaisir ses yeux à la vue de tant de différents objets agréables, lorsque, la scène étant changée, il se vit contraint de répandre des larmes. Et qui est-ce qui aurait pu s'empêcher de pleurer à la vue d'un spectacle aussi triste et aussi lugubre que celui qu'on vit paraître ?

Quatre ANGES, tenant une toilette, formaient le premier rang.

La MADELEINE mondaine, représentée par la fille du sieur Bouyou, les suivait ; les larmes véritables qui découlaient de ses yeux en abondance, par l'effet d'une sincère douleur que lui causait le souvenir de la passion du Sauveur, lui attirèrent l'admiration de tous les spectateurs.

Et après qu'une troupe de petits Anges, portant les instruments de la passion, marchant deux à deux, eurent passé, on aperçut un jeune homme représentant Jésus flagellé ; c'était le fils du sieur Reboulet.

On aurait cru, à le voir, qu'il ne faisait que de sortir du prétoire de Pilate. Les épines de sa couronne semblaient enfoncées dans sa tête et faire couler par mille ouvertures autant de petits ruisseaux de sang. Sa face paraissait toute défigurée et salie de crachats ; ses

---

(1) *Le ms. porte* acheron.

yeux, noyés de larmes ; son corps, déchiré de coups de fouets ; et ses mains, toutes noires par la violence qu'avaient faite les bourreaux en le liant avec des cordes. Il portait (1) sur ses épaules un vieux manteau écarlate ; à la main, un roseau. Et il avait à ses côtés six soldats, d'un regard affreux, qui composaient sa garde.

Quatre jeunes garçons de taille égale, vêtus avec des aubes et des dalmatiques, portant sur l'épaule droite les armes des quatre Evangélistes, le suivaient en chantant *Vexilla regis.*

Noms des quatre Evangélistes :

M. Belland. . . . . Saint Matthieu ;
M. Duportroux . . Saint Marc ;
M. Delacour. . . . Saint Luc ;
M. Guilliot. . . . . Saint Jean.

On vit paraître d'abord après, à la tête d'une troupe de soldats bizarrement vêtus, un jeune officier à cheval, invitant par le son triste et redoublé d'une trompette le peuple à assister au supplice du Sauveur. Il n'y eut point de cœur si dur et si insensible qui ne se ramollit et qui ne fut brisé de douleur, lorsqu'on vit celui qui représentait le Sauveur, chargé de sa croix et traîné au supplice par des impitoyables bourreaux qui vomissaient contre lui mille injures, et l'accablaient de coups de pied et de bâtons. C'était un jeune avocat nommé M. Desmarais. On ne pouvait pas faire un meilleur choix ; la grande douceur qui paraît sur son visage et dont il accompagne toutes ses actions, le rendait très propre à représenter cet Homme-Dieu, le plus doux de tous les hommes. Il était vêtu d'une robe blanche, tout pieds nus, lié avec de grosses cordes ; la douleur paraissait si bien dépeinte dans toute sa personne qu'on aurait dit qu'on le conduisait véritablement au supplice.

Le Sʳ Brichet, représentant Simon le Cyrénéen, lui aidait à porter sa croix. Il fit cet office avec une piété tout à fait exemplaire, et, quoiqu'il soit d'une très grande taille, il marchait courbé et sans jamais changer de posture plus de trois heures, en arrosant la croix de ses larmes.

La fille de la veuve Pastel, qui représentait la Véronique, mar·

(1) *Dans le ms. il y a par erreur* paroissoit.

chait devant le Christ, tenant un suaire à la main, soutenu par deux Anges, avec lequel elle essuyait de temps en temps sa face.

La Vierge, accompagnée des trois Marie, marchait après.

La fille de M. Escoffier représentant la Mère de Dieu.

Mlle Belland, la cadette. .
Mlle Pangon. . . . . } (les) trois Marie.
Mlle Coréard, la cadette .

Voici les vers que la Vierge et le Christ récitaient :

La Vierge à son fils :

Est-ce vous, mon cher fils, qu'on conduit au supplice ?
Arrêtez, arrêtez, bourreaux trop inhumains !
Dieu ! quelle cruauté ! le plus beau des humains
Est tout défiguré. Hélas ! quelle injustice !
Où sont ces cheveux blonds, ces yeux, ce teint si doux ?
Ce corps si délicat est déchiré de coups,
Le sang de toutes parts distille goutte à goutte.
Mes yeux, fondez en pleurs ! mon fils est aux abois.
Il trébuche à tous pas, sous sa pesante croix ;
Je ne le verrai plus que ce moment sans doute.

Réponse de Jésus à sa mère :

Ma mère, c'est assez ; ne pleurez pas mon sort.
Je ne suis né de vous que pour souffrir la mort,
Il faut sur cette croix que mon amour éclate.
Et vous, qui me suivez, ne pleurez plus sur moi ;
Pleurez sur vos enfants qui n'ont ni foi, ni loi,
Pleurez et soupirez sur votre ville ingrate.

Ceux qui avaient le plus blâmé l'ordre de cette procession et que plusieurs avaient cru ne devoir avoir d'autre succès que celui d'une mascarade, furent les premiers à en être touchés. Ils en poussèrent des soupirs et ils se virent forcés de fondre en pleurs en présence de tout le peuple, lorsqu'ils entendirent les tristes paroles du Sauveur et de sa mère ; car, quoique le reste eût fait quelque impression sur eux, ils convinrent pourtant que cet endroit-ci les avait particulièrement touchés.

Ce fut dans cet ordre qu'on alla jusqu'au lieu où l'on planta la grande croix. Jamais on ne vit une telle affluence de peuple ; tous les lieux circonvoisins s'y étaient rendus et il n'y eût personne qui n'avouât n'avoir jamais rien vu de si beau et de si touchant, et qui n'eût souhaité que le jour ne fut plus long pour avoir le plaisir de voir plus longtemps un spectacle que la nuit obligea à finir à regret.

Il faut en finissant rendre cette justice à Monsieur Delacour, le curé, que ce fut principalement par ses soins que le tout se fit avec un très bon ordre.

Mᵣˢ les Apôtres ont lieu de lui rendre en particulier cette justice et même par reconnaissance, puisque, quelques jours après, il les régala splendidement en leur faisant chanter le *Credo* solennellement.

Fini au commencement de 1699.

On l'a vu, plusieurs tableaux furent manqués, parce que ceux qui devaient les représenter *en* furent détournés par quelques personnes qui n'auguraient pas favorablement de cette procession. *Les chanoines de Saint-Barnard — car c'est eux qu'on désigne en parlant de gens* d'un caractère bouffi de la gloire de Dieu et de la qualité de coseigneur avec le Roi — *craignaient que cette représentation ne tournât* en mascarade : *aussi en avons-nous cherché vainement la trace dans leurs* Délibérations capitulaires. *De tout temps les prédicateurs religieux se sont efforcés de frapper vivement les multitudes par des exhibitions de ce genre. Les consuls de la ville se prêtèrent de meilleure grâce aux désirs des Dominicains, et voici ce que nous trouvons dans le Registre de leurs* Assamblées, *à la date du 14 décembre 1698.*

Et sur ce qui a esté represanté que les Peres Recolets demande qu'on mette deux planches sur le ruisseau de la Presle en attendant que le pont qu'il eschoit d'y faire soit construit, et que les Peres Jabobins qui sont en mission en cette ville demandent aussy que l'on plante une croix dans l'androit que l'assemblée trouvera convenable, ainsy qu'il se pratique dans toutes les communautés où ils ont fait ladite mission, il a esté deliberé qu'on fera mettre lesdites deux planches sur ledit ruisseau de la Presle et que l'on fera planter ladite croix au coing de la muraille du sʳ Paul Gondoin joingnant les faussé où il y en avoit une autre fois.

L'auteur de notre relation a gardé l'anonyme. Le manuscrit, d'une écriture de femme, paraît bien contemporain des évènements qu'il relate. Sa présence constante dans le couvent des Clarisses de Romans (fondé en 1520) et certains détails sur les jeunes filles qu'on aurait pris pour des novices de Sainte-Claire, *nous porteraient à en attribuer la rédaction à une religieuse de cet ordre. En tout cas, il émane d'un témoin oculaire, qui a* oublié la devise *de tel guidon, mais qui relate des vers qui ne furent pas récités.*

Ulysse CHEVALIER.

NOTES

SUR

LA COMMANDERIE DES ANTONINS

A AUBENAS, EN VIVARAIS.

(Suite)

Les ravages du feu sacré et des autres épidémies du moyen âge contribuèrent naturellement à propager les colonies des Antonins. De toutes parts, on faisait appel à leur dévouement comme à leur intercession religieuse. Des commanderies (*præceptoriæ*) furent établies dès 1131 en Dauphiné. A la fin du XIIe siècle, il y en avait dans toute l'Europe. En 1202, le pape Innocent III donna des constitutions définitives à l'ordre, qui fut approuvé par le concile de Clermont. En 1297, le pape Boniface VIII érigea en abbaye la